ANO ZERO DO NOSSO SENHOR PEWDIEPIE

No princípio, havia o Verbo – e o Verbo estava com PewDiePie, e o Verbo era PewDiePie.

Através de PewDiePie todas as coisas eram criadas; não havia nada que não era criado por PewDiePie.

PewDiePie viu que tudo era bom. E com isso o Senhor PewDiePie transcendeu de Seu estado maior para a realidade terrena através de um portal intergaláctico conhecido como Sua mãe.

ANO VINTE E CINCO D.P.
(Depois de PewDiePie)

Vendo que o mundo jovem necessitava de Sua orientação, o grande Senhor PewDiePie decidiu espalhar Sua infinita e caridosa sabedoria através de todas as dimensões da Terra.

Agora grandes colheitas cobrirão os campos abundantes, e suas mesas estarão repletas de Seu fruto. Os vinhedos pingarão vinho doce e transbordarão com Seu suco magnífico.

Pois daqui em diante, em nome de nosso grande Senhor PewDiePie, um glorioso novo mundo aguardará aqueles que se banharem na grandiosidade deste livro.

E todo homem, mulher e criança saberá que Este Livro Te Ama.

ESTE LIVRO TE AMA

PEWDIEPIE

COM TRADUÇÃO DE AFFONSO SOLANO

ESTE LIVRO TE AMA

PewDiePie

Poucos anos atrás, chamou a minha atenção no Twitter um fã ter pegado um dos meus tweets e o transformado em uma linda imagem inspiracional. Era uma citação que eu havia escrito como paródia de todas as pérolas de sabedoria que a internet tenta compartilhar com o Mundo. Foi então que eu descobri a importância do meu grande conhecimento, e estava claro para mim que o Mundo necessitava desesperadamente dos meus ensinamentos. Mas estava o Mundo pronto para tamanha iluminação?

(Favor não citar isso)

Preciso confessar que nunca compreendi o propósito de citações. Se eu tivesse levado em conta metade das coisas que li on-line, eu não estaria aqui. Para falar a verdade, se eu tivesse escutado a internet, minha vida teria dado muito errado muito rápido. Ainda assim, ela grita palavras inspiradoras para mim: "Alegria", "Seja forte", "Positividade", "Bondade". Por que há tantos estranhos me provocando com coisas que não tenho? Quem são esses sádicos e presunçosos fazedores de citações?

(Favor não citar isso)

Foi então, em busca de uma risada, que eu decidi escrever um livro de citações motivacionais... um livro inteiro repleto do conhecimento de PewDiePie. Espero eu, talvez, que este livro vá motivar, encorajar e energizar todos vocês para que vivam suas vidas ao máximo. Talvez vá ajudá-los a enxergar as citações motivacionais que vemos na internet com um olhar mais cético. Ou talvez, simplesmente, encontrem algo que os distraia daquele movimento intestinal que estão experimentando durante esta leitura.

(Favor não citar isso)

Eu espero que vocês se divirtam com este livro, mas não tentem comê-lo. A versão lasanha será publicada em um futuro próximo.

O ghost-writer deste livro chama-se Edgar.

A coisa mais
importante
na vida é
este livro

THE DUCK IS COMING
THE DUCK IS COMING
THE DUCK IS COMING
THE DUCK IS COMI
THE DUCK IS COMING
THE DUCK IS COMING
THE DUCK IS COMING
THE DUCK IS COMING
THE DUCK IS COMING
THE DUCK IS COMING
THE DUCK IS COMING
NOTICE ME SENPAI
Brofist
DUCK IS COMING
THE DUCK IS COMIN
THE DUCK IS COMING
THE DUCK IS COMING
THE DUCK IS COMING
Pewdiepie
BROFIST
BROFIST
THE DUCK IS COMING
THE DUCK IS COMING
THE DUCK IS COMING
THE DUCK IS COMING
THE DUCK IS COMING
THE DUCK IS COMING

THE DUCK IS COMING
THE DUCK IS COMING
THE DUCK IS COMING
THE DUCK IS COMING
THE DUCK IS COMING
THE DUCK IS COMING
THE DUCK IS COMING
THE DUCK IS COMING
DUCK IS COMING

NUNCA ESQU

que você é

ÊÇA

LINDO(A)

...

Comparada a um PEIXE, A VIDA É UMA QUESTÃO DE perspectiva.

MORRER TAMBÉM É ÓTIMO PARA O MEIO-AMBIENTE.

RESY
U.K.20121

DINHEIRO NÃO COMPRA FELICIDADE

MAS PODE COMPRAR TODAS AS COISAS QUE VOCÊ NÃO TEM, ATÉ AMIGOS

Quanto mais

atos

você dá

mais

atos

você perde

NUNCA DESISTA,

A NÃO SER QUE VOCÊ TENHA TENTADO AO MENOS 3 VEZES.

PORQUE AÍ É MEIO IMPOSSÍVEL.

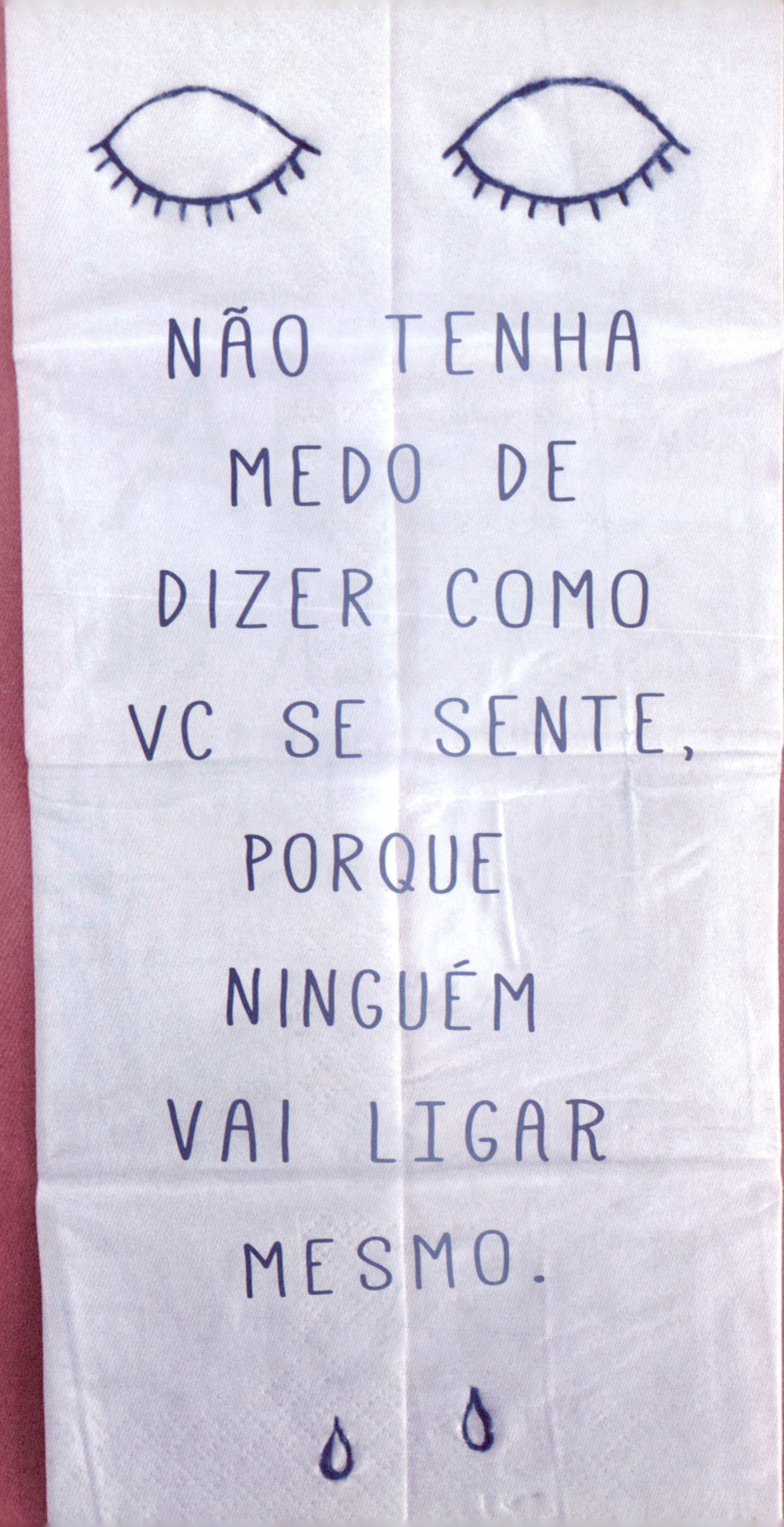
NÃO TENHA
MEDO DE
DIZER COMO
VC SE SENTE,
PORQUE
NINGUÉM
VAI LIGAR
MESMO.

VOCÊ PARECE MUITO BURRO QUANDO FORÇA A VISTA ASSIM.

Rosas
são vermelhas

Violetas
são azuis

Chupe
um P

CORRER DOS SEUS PROBLEMAS <u>NÃO</u> TE FARÁ EMAGRECER.

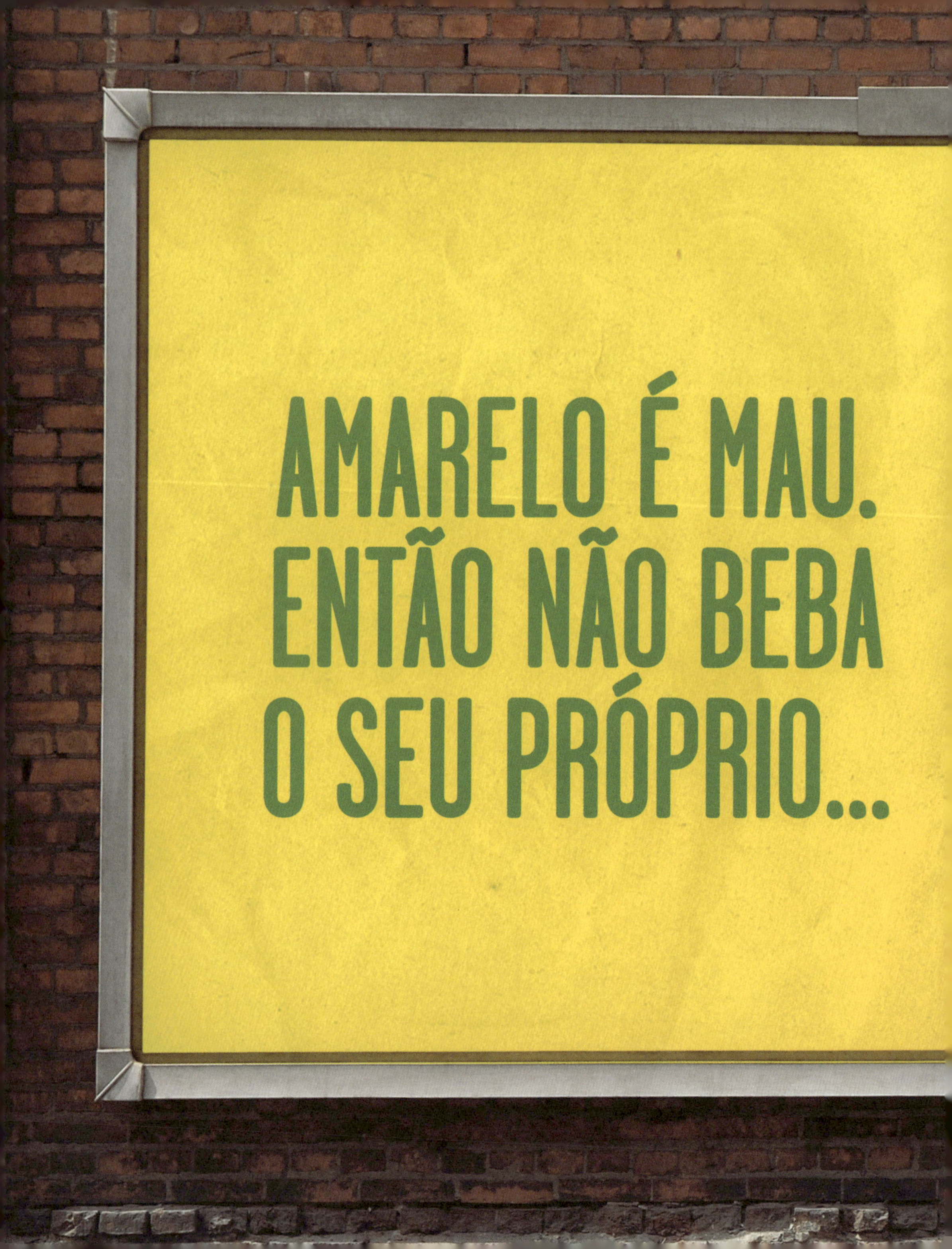
AMARELO É MAU.
ENTÃO NÃO BEBA
O SEU PRÓPRIO...

mijo

SE VOCÊ

★★★★ PODE ★★★★

LUTAR

PARA FUGIR DE UMA

SITUAÇÃO

NÃO O FAÇA,

VOCÊ VAI MORRER!

As coisas ~~podem~~ VÃO sempre piorar.

PARA VOAR, VOCÊ PRECISA SE LIVRAR DE TUDO QUE LHE PUXA PARA BAIXO.

É POR ISSO QUE TODOS OS SEUS AMIGOS FORAM EMBORA.

A VIDA NÃO É FÁCIL.

ENTÃO,

POR QUE VOCÊ ESPERA
ALGO DE UMA

FRASE

INSPIRADORA?

SUA FALTA
DE BRILHO
ME PERTURBA.

A PERFEIÇÃO
É ALGO
INALCANÇÁVEL

ENTÃO
ACEITE QUE
VOCÊ É UM

Nunca

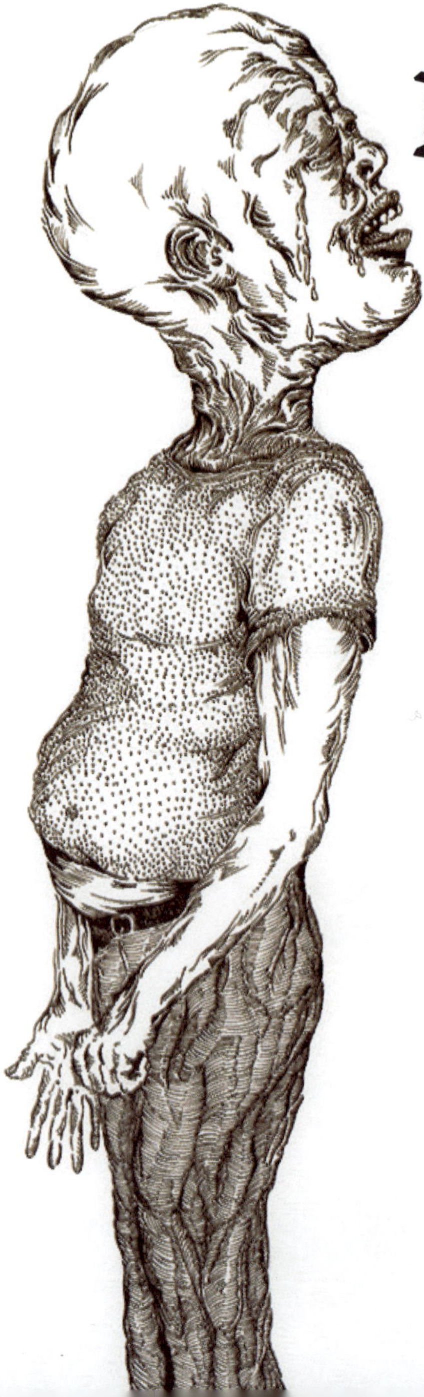

olhe trás.

para

Se a vida não
anda direita,

pegue a
esquerda...

...para o penhasco

NÃO
MATE
NINGUÉM.
PESSOAS
MORREM
QUANDO
SÃO
MORTAS.

C

Todos têm direito a ter opinião

mesmo que estejam

ERRADOS PARA ARALHO !!

A VIDA SE BASEIA EM OUVIR FRASES QUE COMBINAM COM VOCÊ, PARA QUE VOCÊ POSSA SE SENTIR TEMPORARIAMENTE MELHOR CONSIGO MESMO.

AQUI ESTÁ A IMAGEM DE UM...

PATO

SEU ANIMAL
DE ESTIMAÇÃO
SÓ TE AMA
PORQUE VOCÊ
DÁ COMIDA
A ELE.

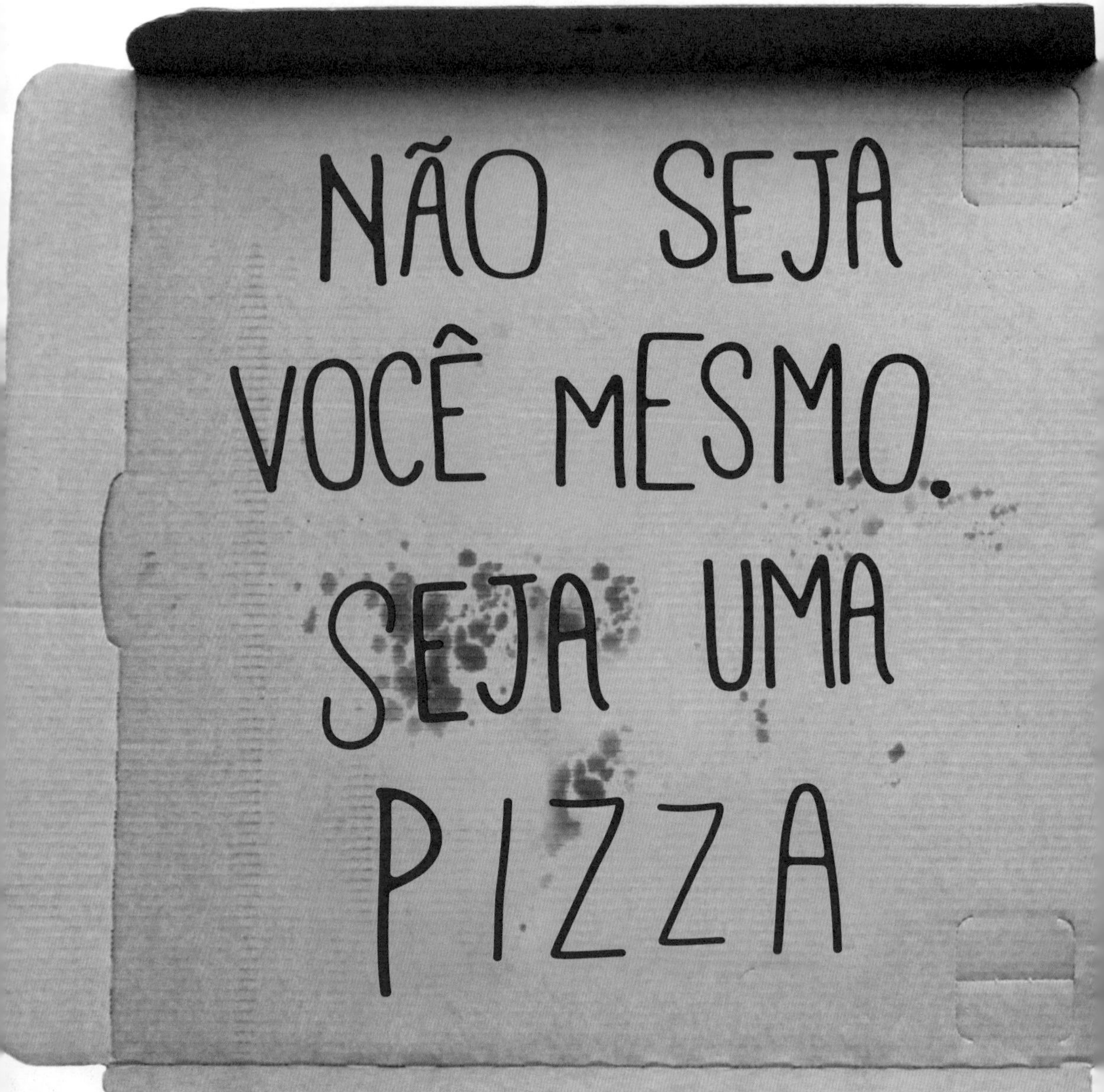
NÃO SEJA
VOCÊ MESMO.
SEJA UMA
PIZZA

TODO MUNDO
AMA
PIZZA

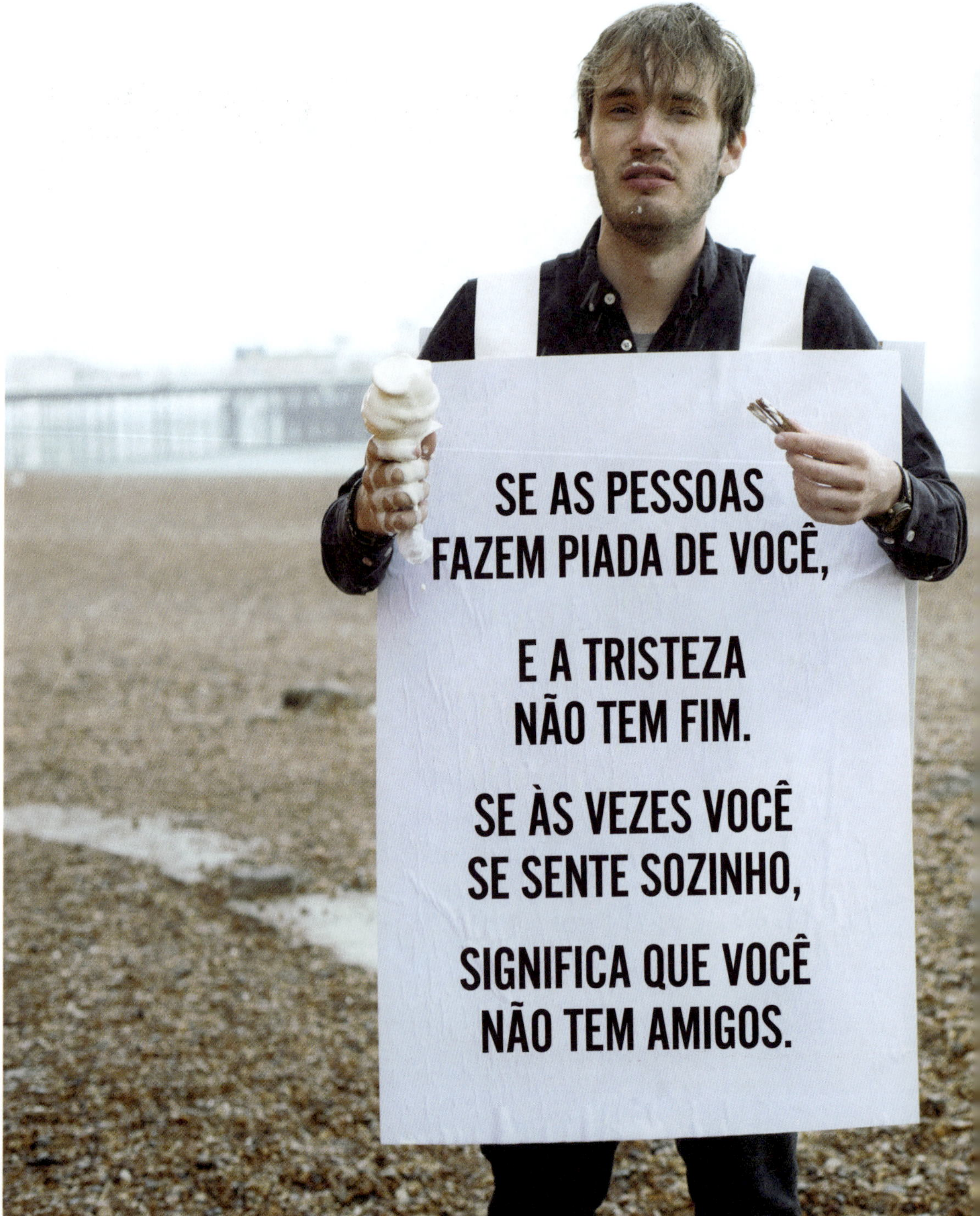
SE AS PESSOAS
FAZEM PIADA DE VOCÊ,
E A TRISTEZA
NÃO TEM FIM.
SE ÀS VEZES VOCÊ
SE SENTE SOZINHO,
SIGNIFICA QUE VOCÊ
NÃO TEM AMIGOS.

Não seja uma Cachorra

NUNCA É TARDE PARA DESISTIR.

NÃO ADOCEM A VIDA, SOU DIABÉTICO.

Não
faça doce
com tudo . . .

Você vai ficar
diabético.

Nada é impossível.
Fazer nada é fácil.

Então não faça nada!!

O
PATO
ESTÁ
VINDO.

NÃO SE VENDA POR POUCO.
A NÃO SER QUE VOCÊ PRECISE DE UM DINHEIRO RÁPIDO.
EI, EU NÃO ESTOU JULGANDO!

VAMOS
ENCARAR,
VOCÊ
NUNCA
SERÁ TÃO
LEGAL
ASSIM.

Quá!

SE VOCÊ ALGUMA VEZ RECEBER CONSELHOS

DE UM **PATO,**

LEMBRE-SE:

NÃO, OS PATOS NÃO FALAM.

VOCÊ PROVAVELMENTE ESTÁ DROGADO.

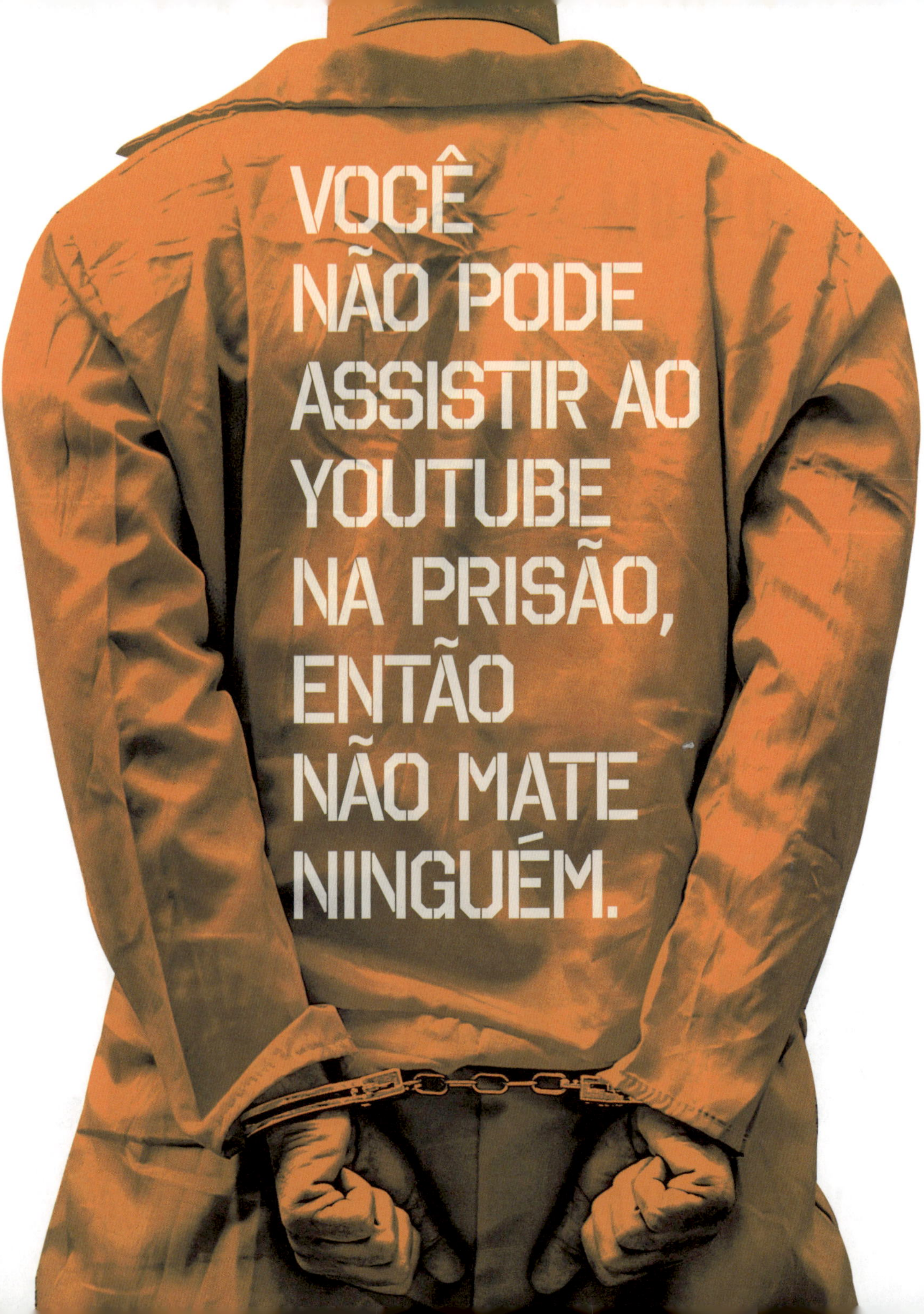
VOCÊ
NÃO PODE
ASSISTIR AO
YOUTUBE
NA PRISÃO,
ENTÃO
NÃO MATE
NINGUÉM.

O MAR ESTÁ CHEIO DE PEIXES,
MAS ELES TAMBÉM
NÃO QUEREM
FICAR COM VOCÊ.

TODO DIA
É UM
NOVO
COMEÇO

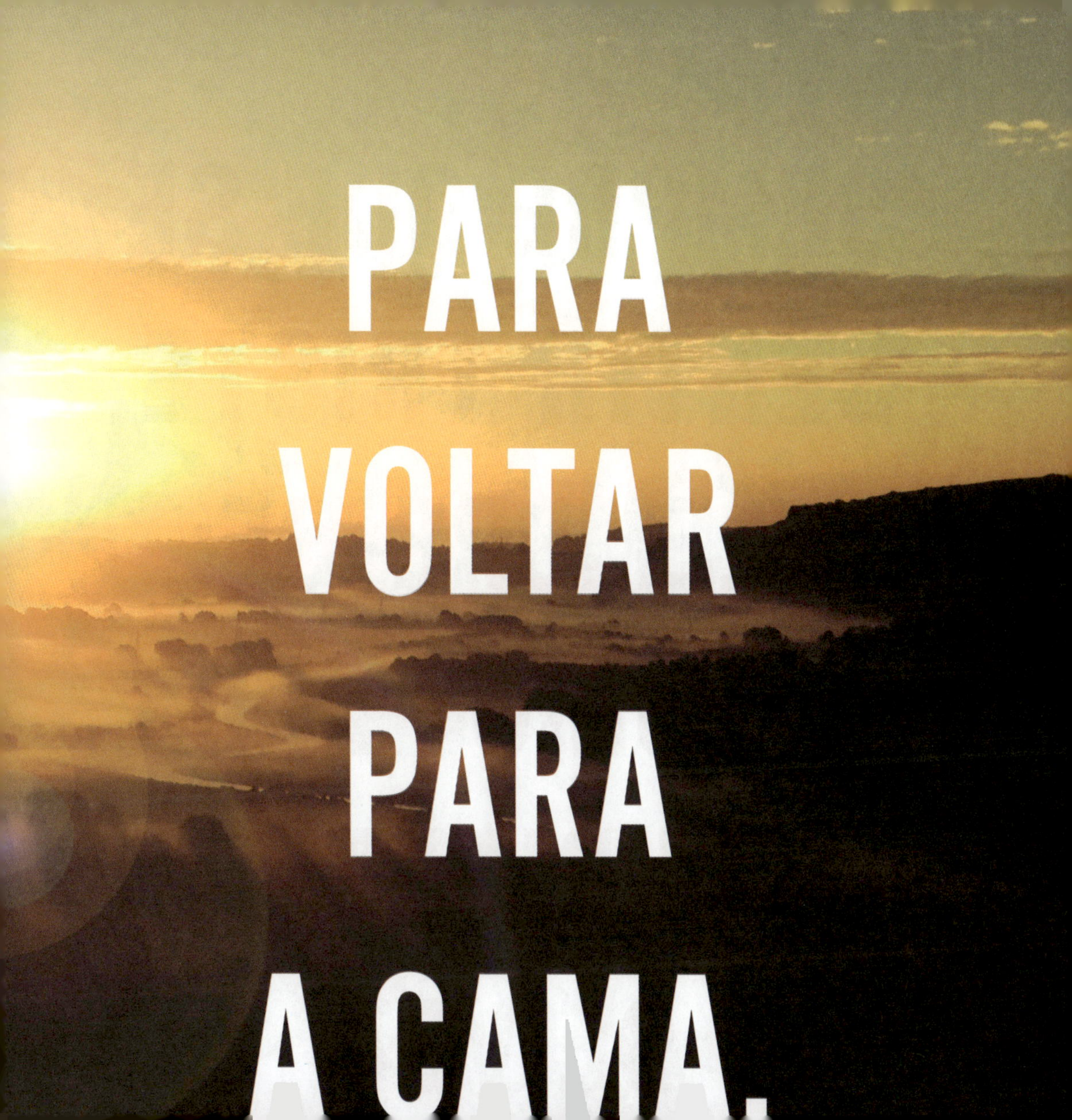

PARA
VOLTAR
PARA
A CAMA.

SEMPRE QUE SE SENTIR TRISTE, LEMBRE-SE: ATÉ UNICÓRNIOS TÊM DIARREIA DE VEZ EM QUANDO.

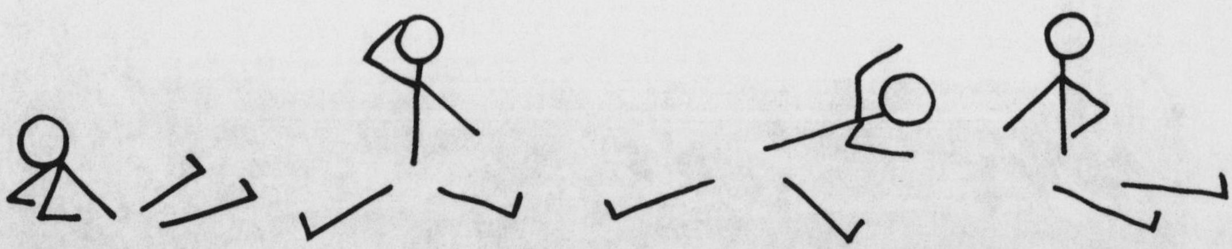

VOCÊ ~~NÃO~~ PODE VENCER A CORRIDA
~~SEM TENTAR~~

se cortar as pernas deles.

12
9
3
6

A SEGUNDA-FEIRA
ESTÁ CHEGANDO!
CARREGANDO...

Correr atrás DE Dinheiro NÃO VALE como EXERCÍCIO

PORQUINHO

Sem o INVERNO,
não se aprecia
completamente
a beleza do VERÃO.

Sem você,
eu posso apreciar
tantas coisas.

SEMPRE QUE VOCÊ
NÃO SE SENTIR ESPECIAL,
LEMBRE-SE:

VOCÊ É...

ESPERMA #1!

ASSIM COMO TODOS.

VOCÊ SE LEMBRA DE
TODOS OS MOMENTOS
VERGONHOSOS
QUE PASSOU?
NÃO SE PREOCUPE,
EU VOU LEMBRÁ-LO.
– CÉREBRO

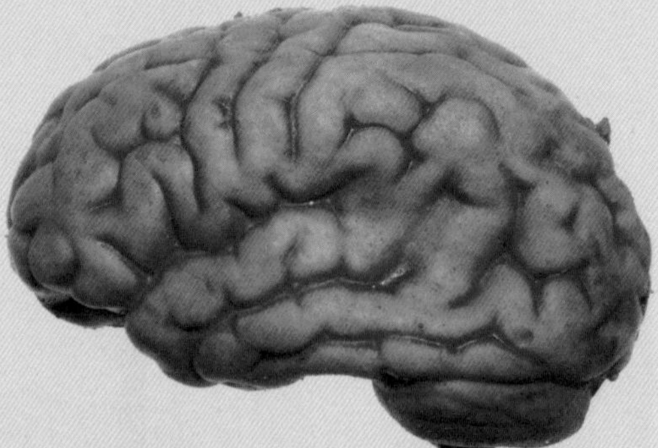

VOCÊ
NÃO PODE
FALHAR
SE
NUNCA
TENTAR
ENTÃO, POR QUE
SE INCOMODAR?

NÃO PODE HAVER VENCEDORES SEM PERDEDORES

ENTÃO, NA REALIDADE, VOCÊ ESTÁ FAZENDO UM FAVOR AO MUNDO

NÃO PODE
NÃO PODE
PARE COM ISSO
NÃO PFODE

sorrir*
*faz você parecer um psicopata

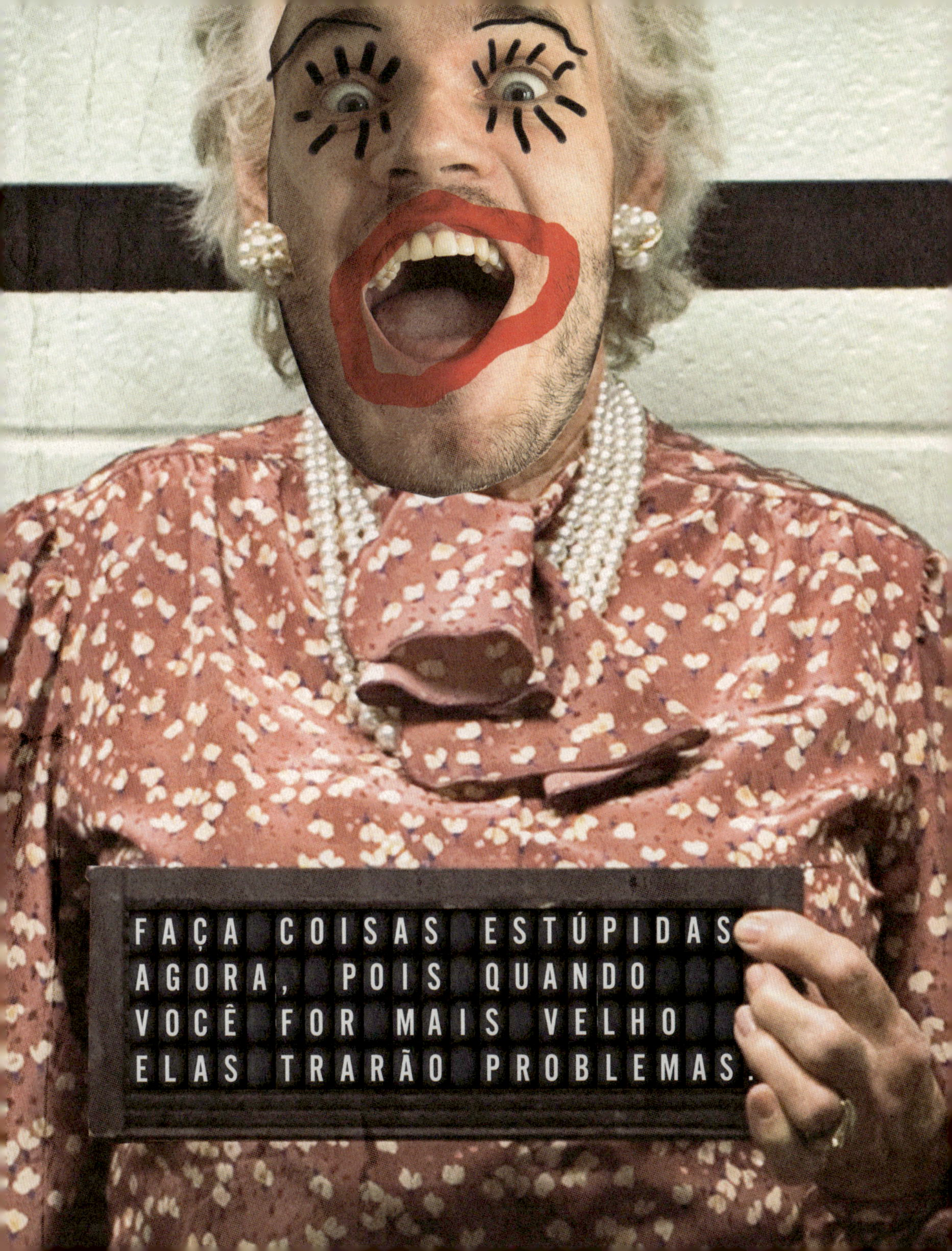
FAÇA COISAS ESTÚPIDAS
AGORA, POIS QUANDO
VOCÊ FOR MAIS VELHO
ELAS TRARÃO PROBLEMAS.

PAU

QUANDO VOCÊ
SE SENTIR
PRA BAIXO...
LEMBRE-SE DE
QUE NINGUÉM
ESTARÁ ACIMA
DE VOCÊ...SE VOCÊ
USAR PERNAS DE

SE VOCÊ ESTÁ LENDO ISTO,
É TARDE DEMAIS

HA-HA-
-HA-HA!!

SE VOCÊ É REDONDO, TALVEZ NÃO ESTEJA EM FORMA,

MAS PELO
MENOS
VOCÊ É UMA
FORMA.

Não perca tempo amando alguém que não te ama de volta.

Ame patos.

Patos sempre
vão te amar.

O
PATO
ESTÁ
VINDO.

OS HATERS ESPALHAM ÓDIO

OS PATOS ESPALHAM

QUÁ QUÁ

DIZEM QUE O AMOR É CEGO

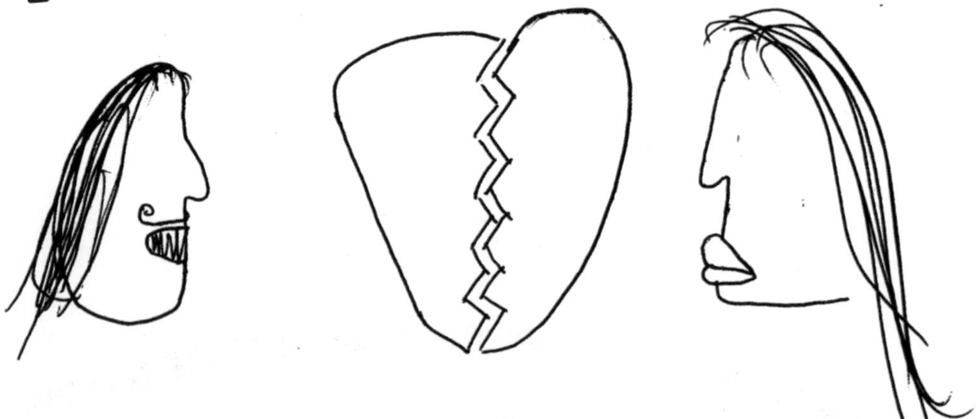

OU É ISSO OU VOCÊ TERÁ DE NAMORAR COM UMA PESSOA CEGA

A VIDA É UMA SENTENÇA DE MORTE E VOCÊ DEVE CULPAR OS SEUS PAIS.

Frases inspiradoras são
as coisas mais importantes
no universo, e você
deve sempre guardá-las
no coração.

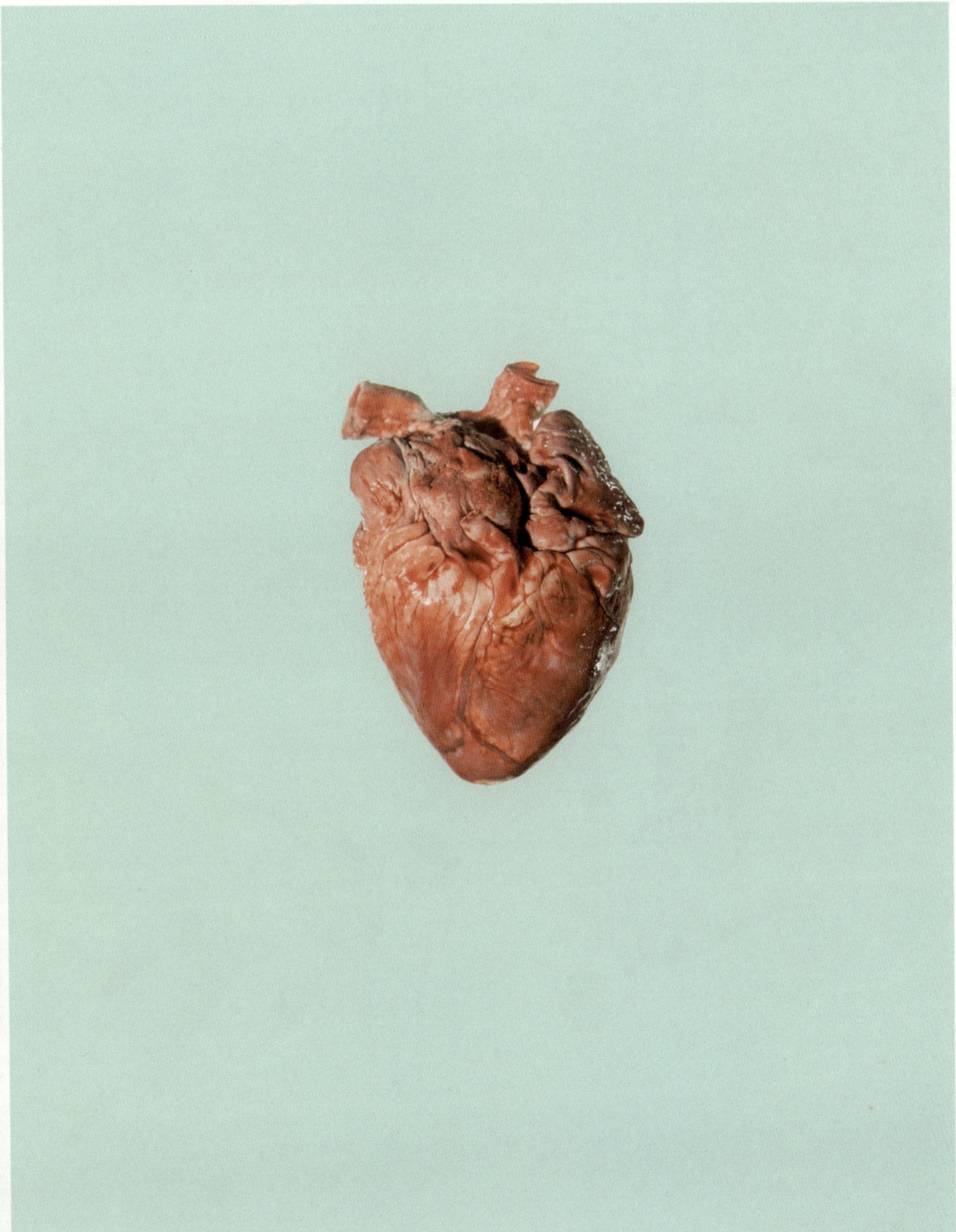

Dar saltos mortais é uma excelente maneira

de escapar de uma conversa constrangedora.

A vida é
como uma caixa
de chocolates;
VOCÊ NÃO TEM
NEM UMA NEM
OUTRA.

Se alguém te odeia até

os ossos, dê-lhe de comer

os ossos.

Se alguém te ama até

os ossos, esse alguém

provavelmente é um zumbi.

O Segredo de uma vida feliz é:

vire

VOCÊ REALMENTE ESPERAVA ENCONTRAR ESSA RESPOSTA NESTE LIVRO?

HAHAHAHAHA

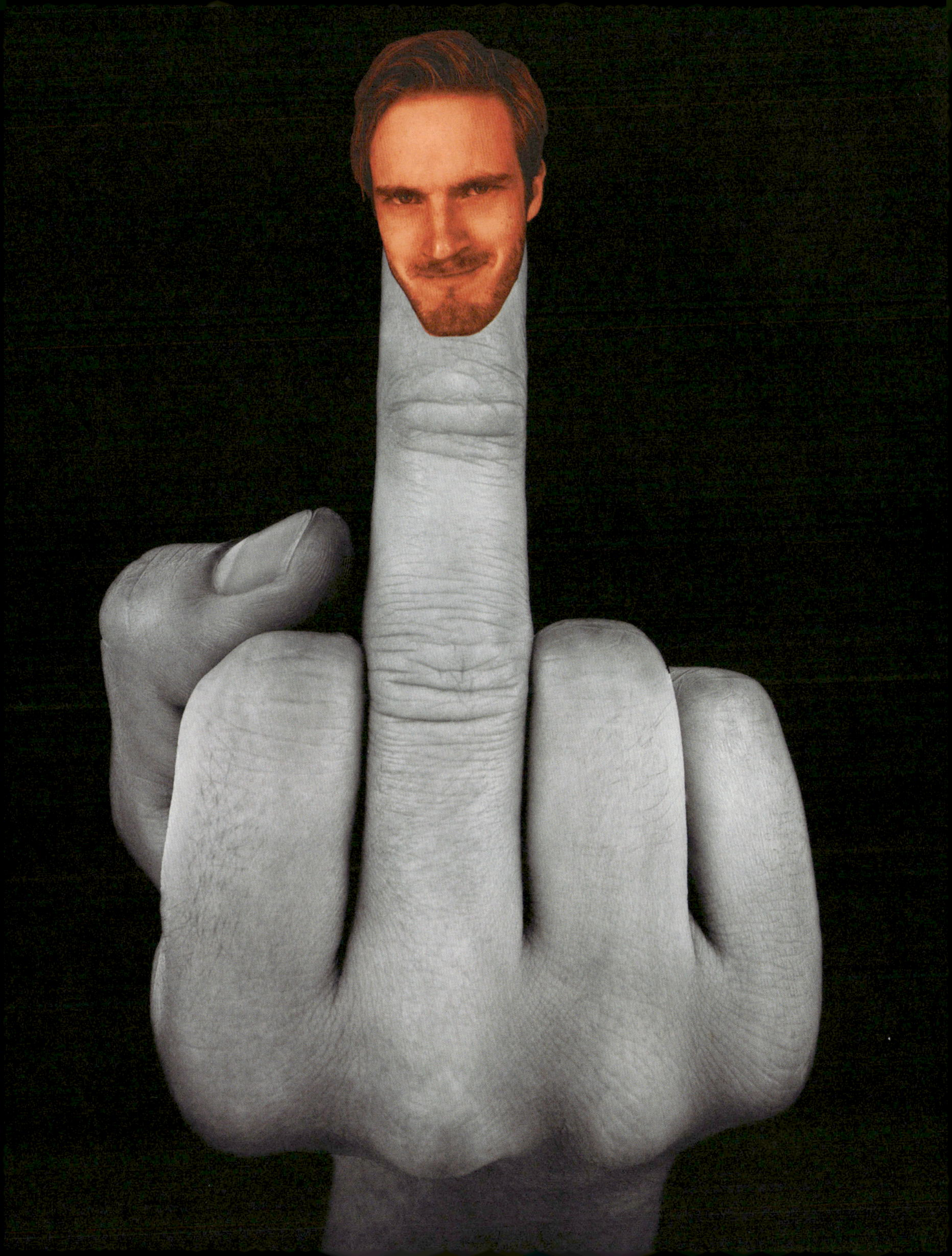

SÓ
PORQUE
VOCÊ TEM
UMA
OPINIÃO
NÃO
SIGNIFICA

QUE
ALGUÉM
SE
IMPORTE
COM ESSA
MERDA

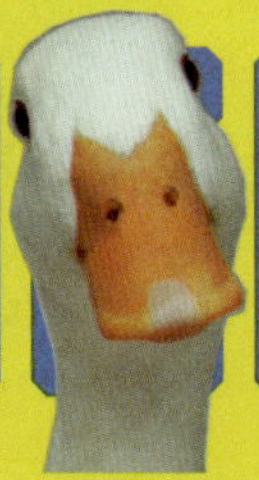

Encare seus problemas!
A não ser que o problema seja a sua cara.

Porque aí você
vai precisar de
um cirurgião.

NÃO CHORE PELO LEITE DERRAMADO.

CHORE POR QUÃO TRISTE SUA VIDA É.

A vida sem mamilos não teria direção.

– Pato

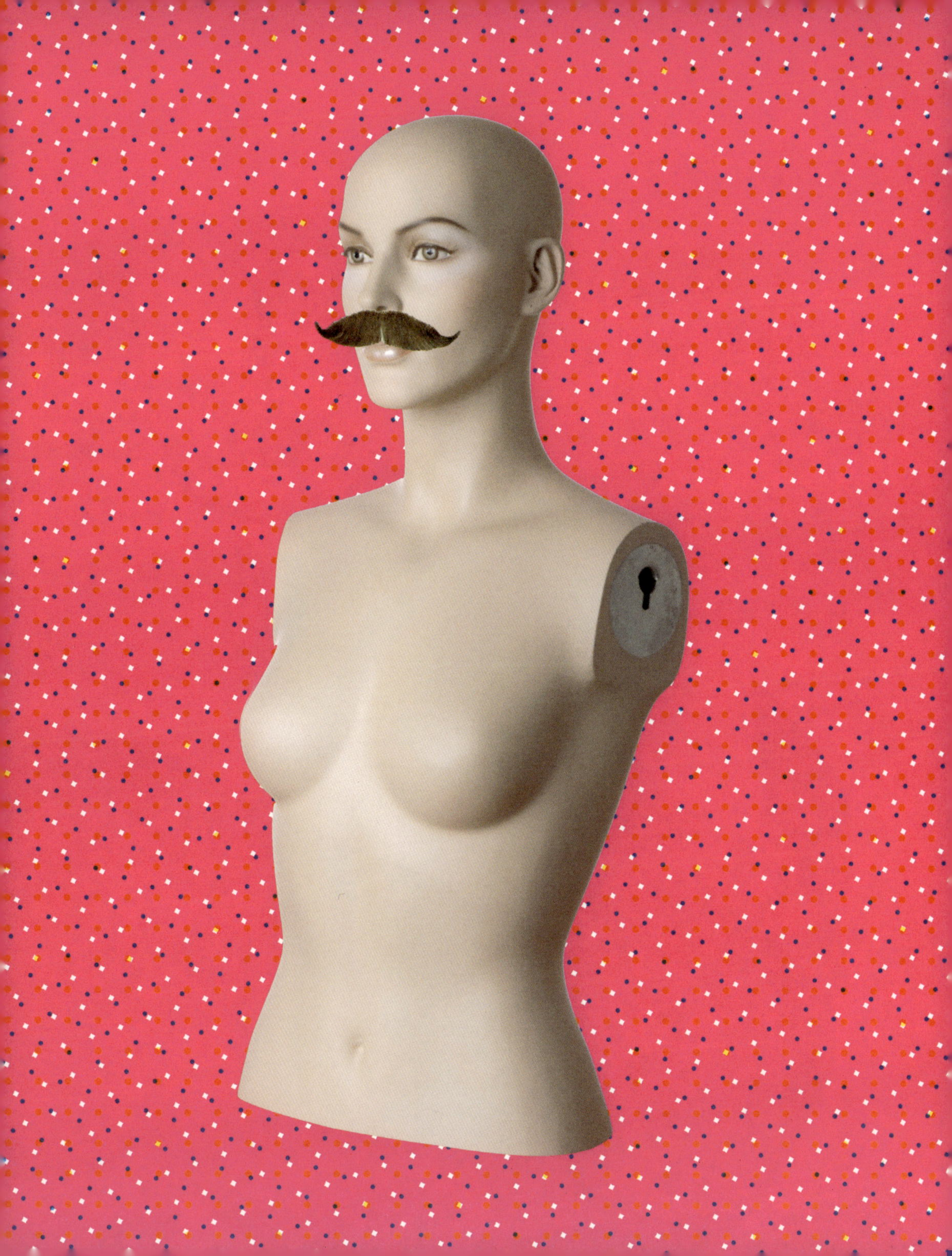

SEM MAMILOS, PEITOS SERIAM APENAS

BUNDAS QUE NÃO CAGAM.

NOVO SABOR
Cílios™
TAMBÉM SÃO UM APERITIVO SAUDÁVEL.

NÃO DEVORE SEUS FILHOS. ELES PODEM FAZER QUALQUER TIPO DE TAREFAS POR VOCÊ.

—PATO

NUNCA SE
ARREPEN-
DA DE
NADA*

* A não ser daquela fase emo por que você passou

Esconda suas lágrimas.
Finja que você está bem.
Chorar no chuveiro
é uma boa camuflagem.

SE VOCÊ NÃO TINHA DINHEIRO PARA COMPRAR ESTE LIVRO

OPÇÃO 1 – VOCÊ O ROUBOU?

OPÇÃO 2 – VOCÊ VENDEU UM RIM?

OPÇÃO 3 – OFERECEU SUA ALMA?

NÃO SEJA
UMA ALFACE.
SEJA O MELHOR
BRÓCOLIS
QUE PUDER.

O Pato
ama você
UM TANTO
ASSIM.

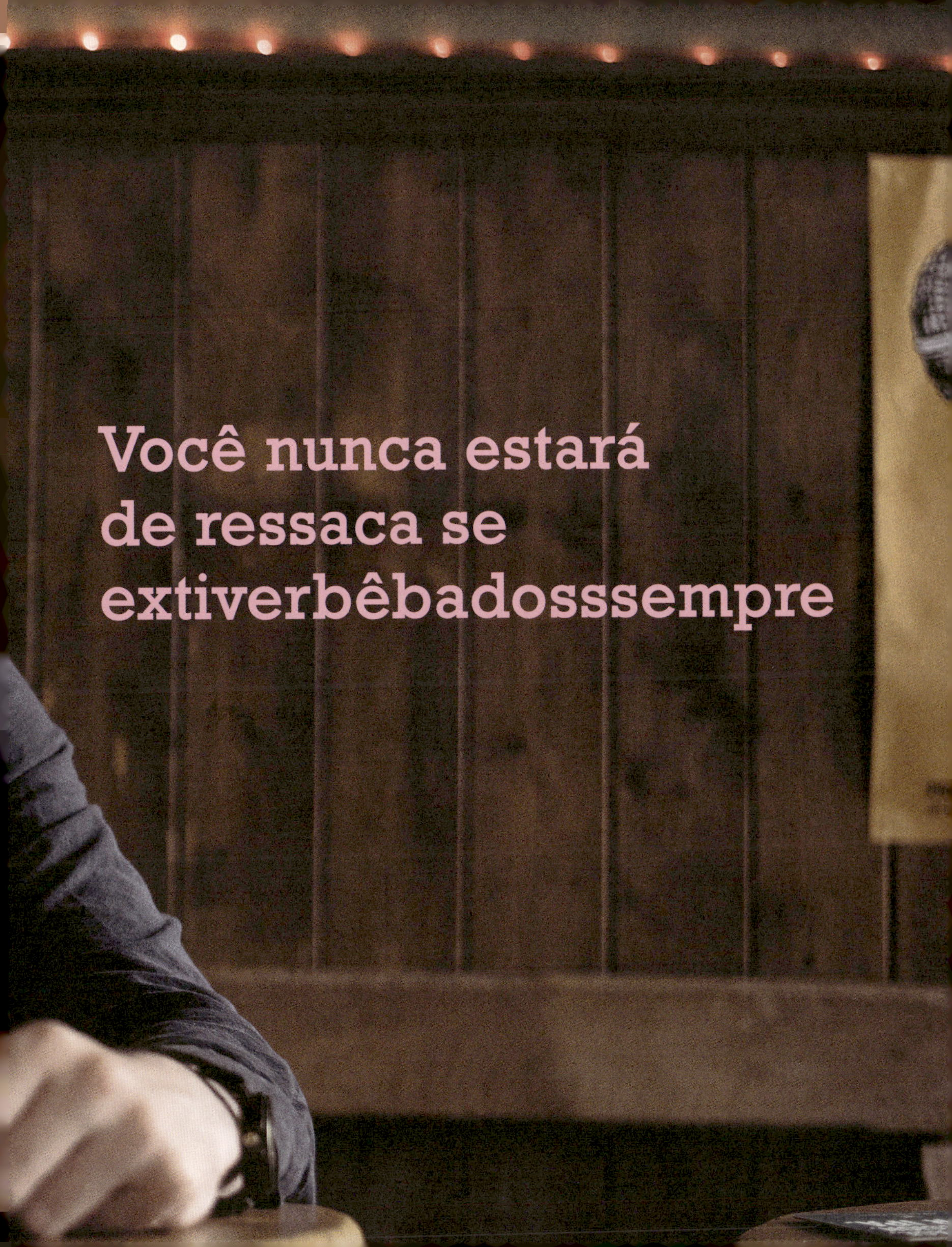
Você nunca estará
de ressaca se
extiverbêbadosssempre

HÁ SEMPRE

UM NOVO

DIA

AMANHÃ.

"SHERLOCK"

IAN STEVENSON

NÃO SEJA ALGUÉM QUE VOCÊ NÃO É. A NÃO SER QUE VOCÊ POSSA SER UM UNICÓRNIO FABULOSO, NESSE CASO SEMPRE SEJA UM UNICÓRNIO FABULOSO.

O sucesso nunca é um acidente.
E é por isso que ele jamais vai acontecer a você.

Se não pode vencê-los, passe a comê-los.

JUNTE-SE
A NÓS
ANTES QUE
SEJA TARDE
DEMAIS

É IMPOSSÍVEL
MORRER VIRGEM.
PORQUE A MORTE
É UM JEITO
DE A VIDA
TE FODER.

TUDO ACONTECE POR UMA RAZÃO.
SIM, ATÉ MESMO AQUELA COCEIRA
DESCONFORTÁVEL QUE VOCÊ PEGOU.

MONDAY
TUESDAY
WEDNESDAY
4
5
6
7
11
12
13
14
18
19
20
21
25
26
27
28
TODO
DIA
MALDITO
INFERNO

FRIDAY
SATURDAY
SUNDAY
1
2
3
TODO DIA É UMA
8
9
10
SEGUNDA CHANCE
15
16
17
VOCÊ VAI FALHAR
22
23
24
29
30
31
DE QUANTAS
CHAN-
CES?

Talvez o *senpai* não esteja notando você por uma razão.

COMO NÃO COMETER ERROS.

PASSO 1

NÃO FAÇA NADA.

DISPONHA.

Se a vida está
ruim, pegue
um canudo
e mostre a ela
quem é o chefe.

TRATE MAL AS PESSOAS
QUE ACREDITAM EM CARMA.
ELAS OBVIAMENTE MERECEM.

MAMÃE?
IAN STEVENSON

VOCÊ NÃO É RUIM,

TODO O MUNDO
É QUE É
MELHOR
QUE
VOCÊ!

Eu orei por beleza...
Funcionou.

Não se esqueça
de mim. *

* Porque se o fizer, vou queimar a p@%ra da sua casa.

SEJA BOM COM

TALVEZ UM DIA

AS PESSOAS

ELAS SEJAM RICAS

NÃO SE
ARREPENDA
DE NADA

A não ser que você tenha
uma tatuagem no rosto.

Porque aí você está
ferrado para toda a vida.

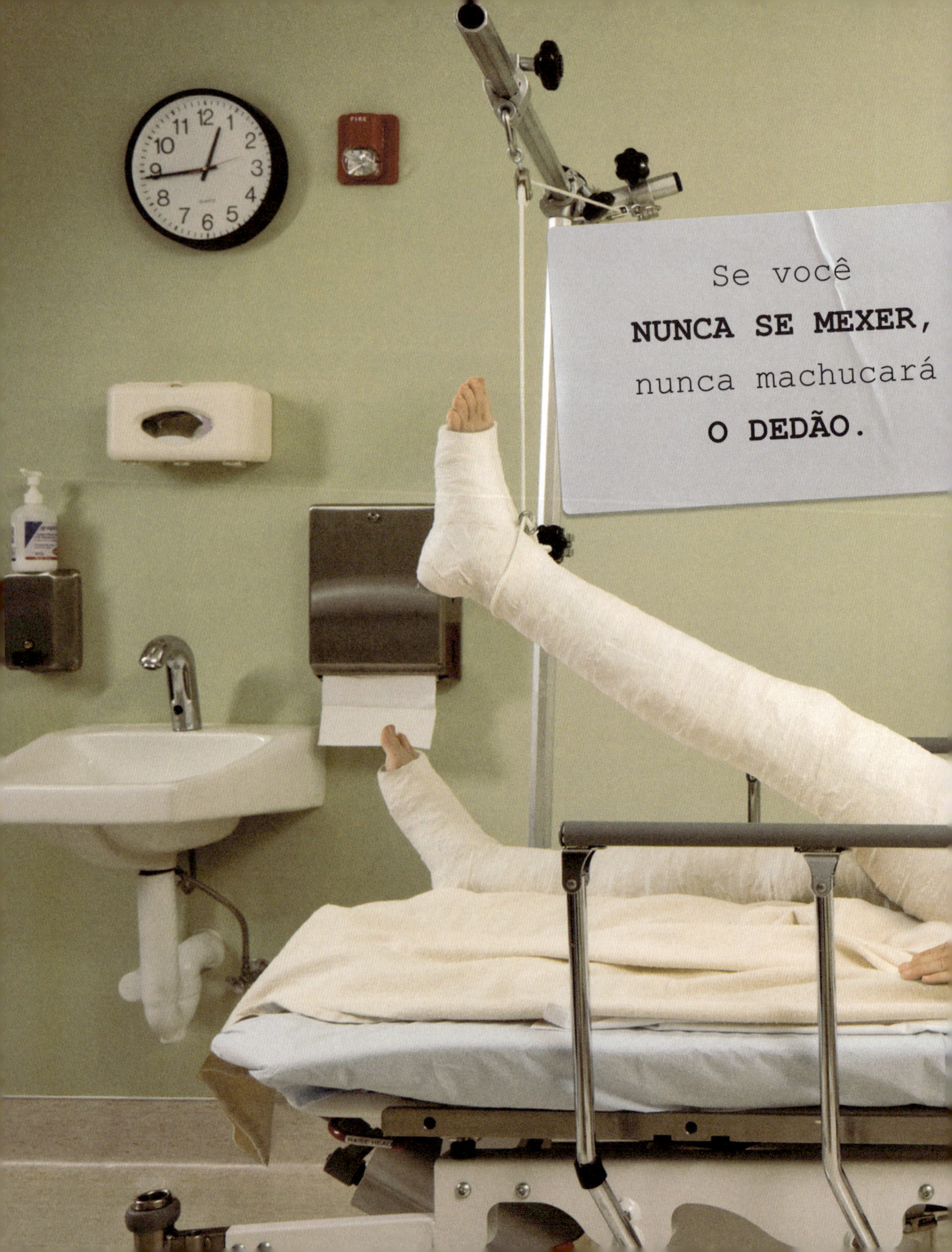
Se você
NUNCA SE MEXER,
nunca machucará
O DEDÃO.

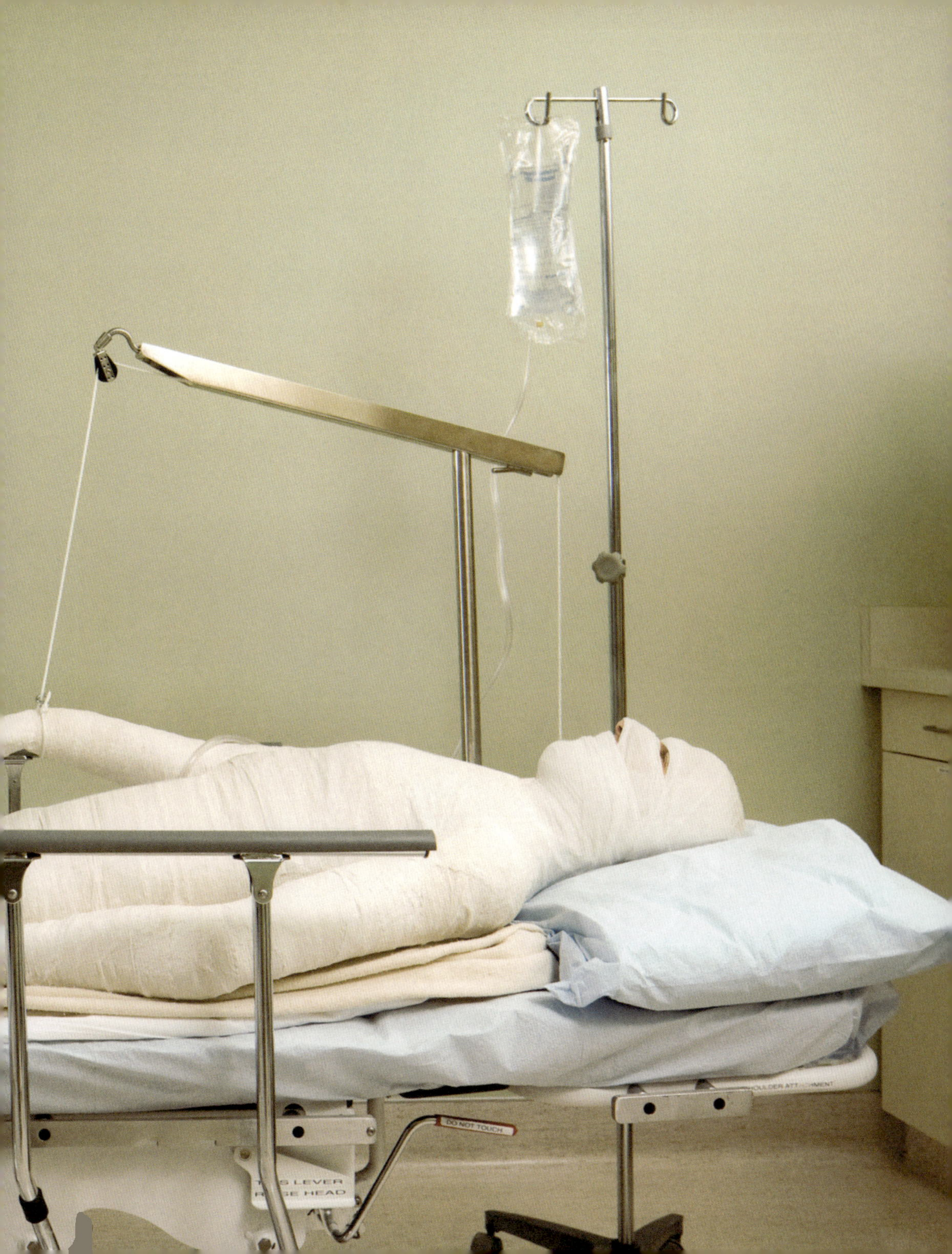
DO NOT TOUCH

Encarne seus defeitos.

Você não pode
fazer todo
mundo feliz.

Então concentre-se em
fazer você mesmo feliz
para que sua felicidade
talvez um dia envolva e
COMA TODOS ELES.

Não ouça os haters.

Viva a sua vida
como você quiser.

É importante amar
a si mesmo.
Porque ninguém
mais te ama.

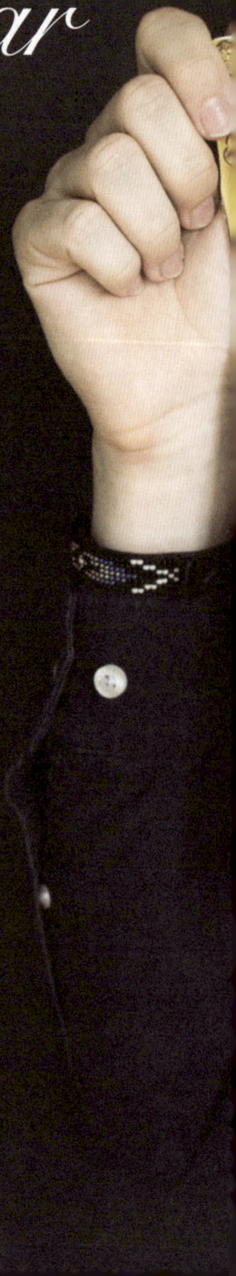

Para
PewDiePie
te adoro
PewDiePie
xxx

COMECEI DE BAIXO

E
CONTINUO
POR
BAIXO

MANTENHA SEUS AMIGOS PRÓXIMOS

E SEUS INIMIGOS AINDA MAIS PRÓXIMOS

A NÃO SER QUE VOCÊ NÃO TENHA NENHUM AMIGO

ENTÃO SENTE EM UM CANTO E CHORE

QUANDO VOCÊ NÃO GANHA, VOCÊ PERDE

Só para ter certeza que você sabia.

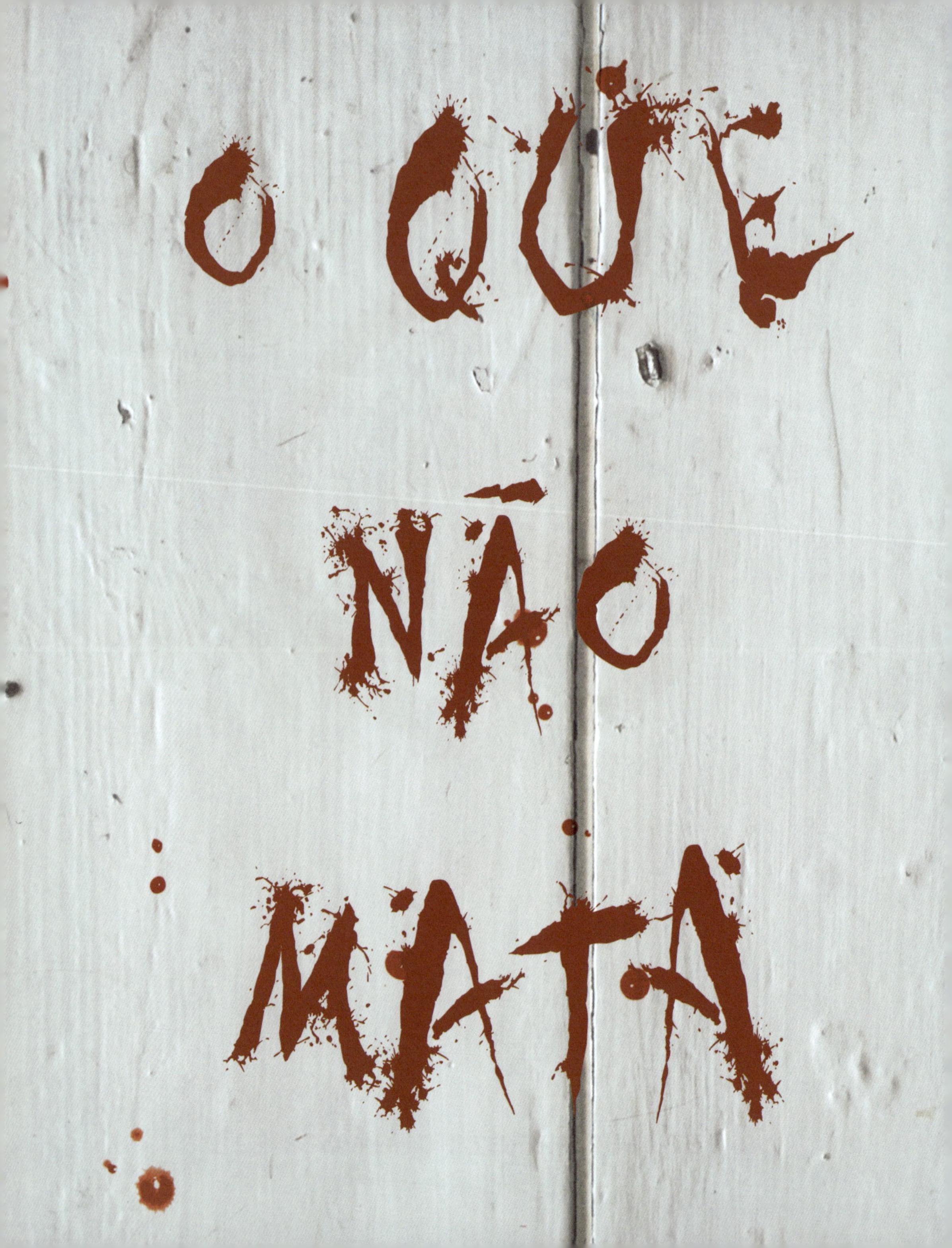
O QUE
NÃO
MATA

ENGORDA

TALVEZ VOCÊ NÃO SEJA
FORTE, TALVEZ NÃO SEJA
BOM O BASTANTE,
TALVEZ NUNCA CHEGUE
A SER UMA PESSOA DECENTE.

ESQUECI O RESTO...

PewDiePie diz:

NÃO DESISTA, PORQUE, SE VOCÊ O FIZER, VOCÊ É MUITO MENININHA.

しあわせ
こい
やって
こい
大入
福
恋

Nunca desista dos seus sonhos...
e tal.

KEEP CALM.

Apenas respire,

sua loira burra.

NUNCA, NUNCA DESISTA

SE A
Vida
LHE DER
Limões

RECLAME.

EXIJA FALAR COM O GERENTE. DEMITA A VIDA E ARRUÍNE A VIDA DA VIDA. PERCEBA QUE SUA VIDA AGORA ESTÁ VAZIA.

Exceto pelos Limões

NÃO SE PR
OS SEUS
SE VOC
MORTO AM
ELES IRÃ

OCUPE COM
OBLEMAS.
ACABAR
NHÃ, TODOS
EMBORA.

— PATO

DÊ UM PEIXE AO HOMEM E VOCÊ O ALIMENTARÁ PELO DIA.

TORNE-SE UM PEIXE E VOCÊ SERÁ SEU AMANTE P/ A VIDA.

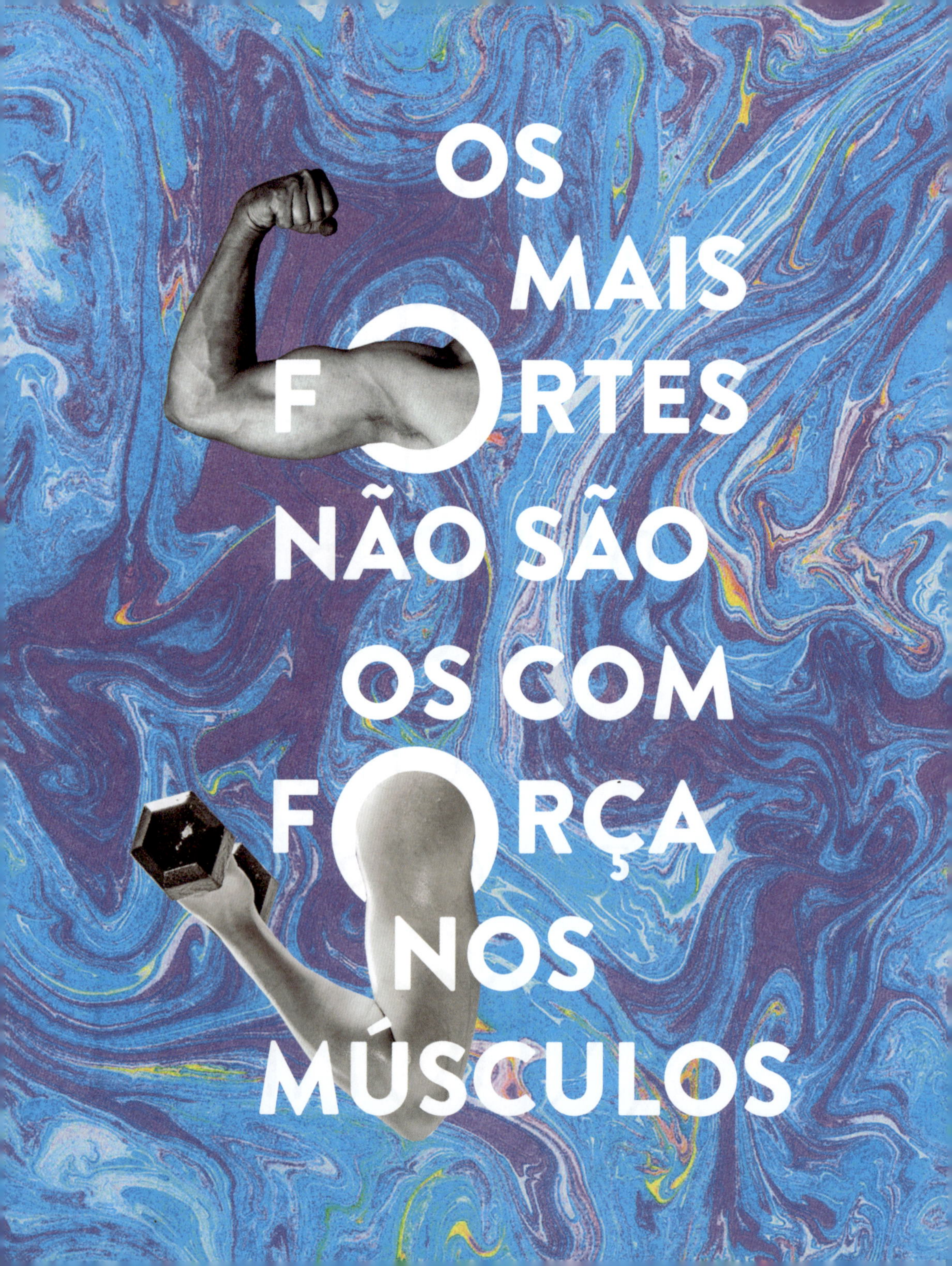
OS MAIS FORTES NÃO SÃO OS COM FORÇA NOS MÚSCULOS

SÃO
AQUELES QUE
PRECISAM
DE FRASES
COMO
ESTA

PARA
PREVALECER

O que te prende?

NÃO USE ABSORVENTES SE VOCÊ É HOMEM

– Um homem Sábio

ESTE É VOCÊ

A CADA SEGUNDO VOCÊ ESTÁ MAIS PERTO DE DESAPARECER. NENHUMA FRASE INSPIRADORA NO MUNDO VAI MUDAR ISSO.

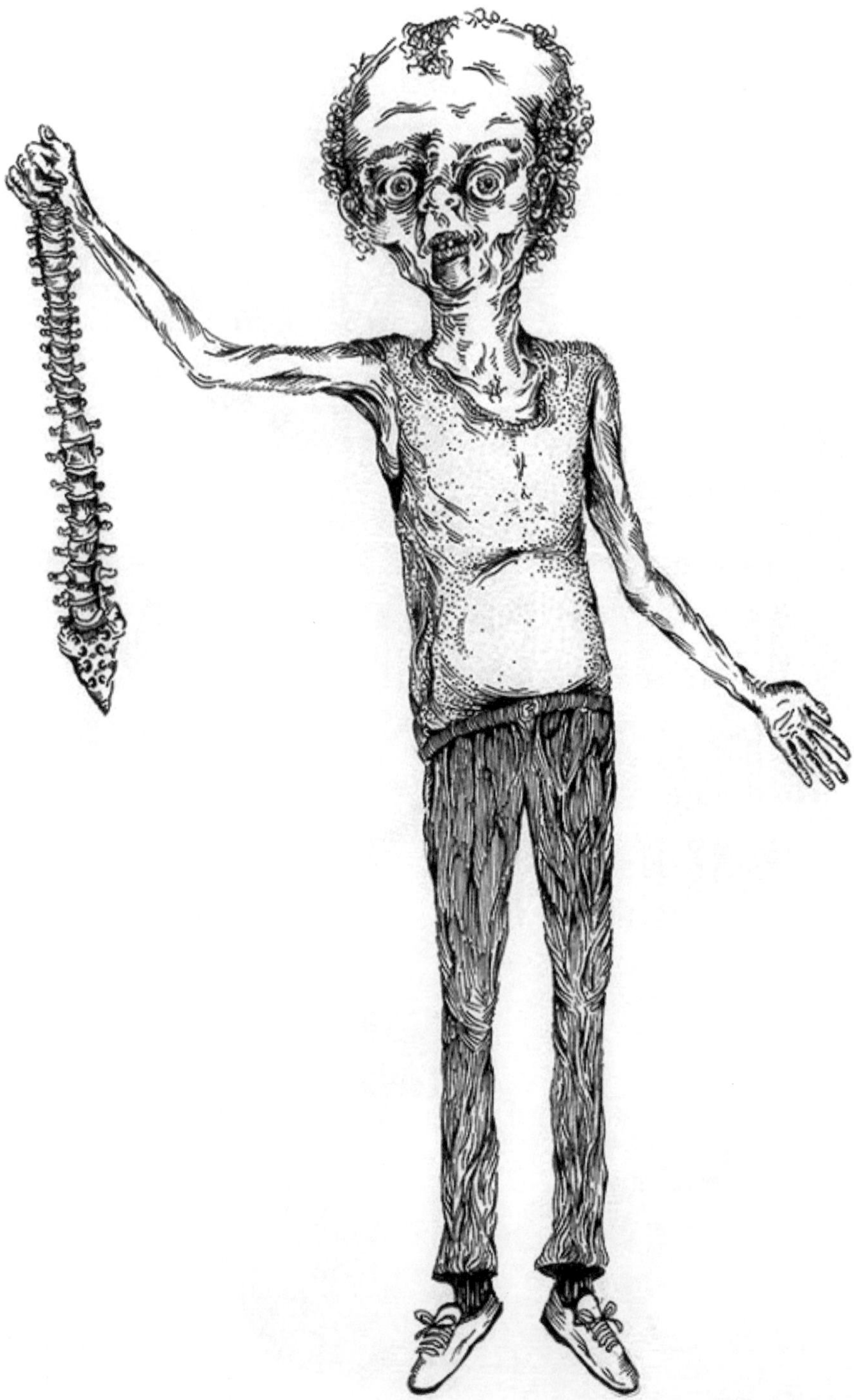

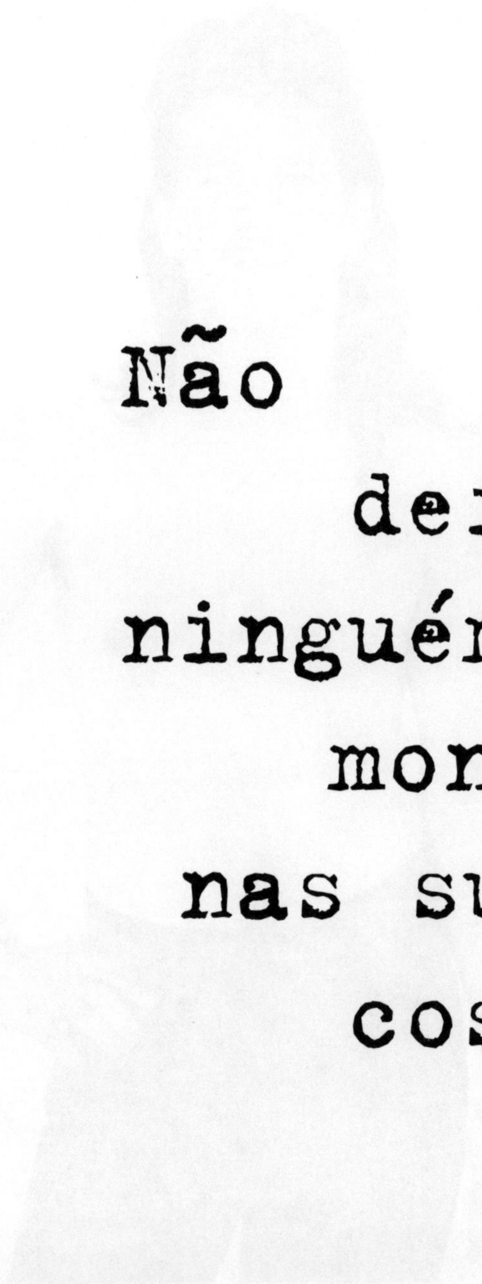

Não

deixe

ninguém

montar

nas suas

costas.

SEJA VOCÊ MESMO!

O QUE DIABOS VOCÊ ESTAVA PENSANDO?!

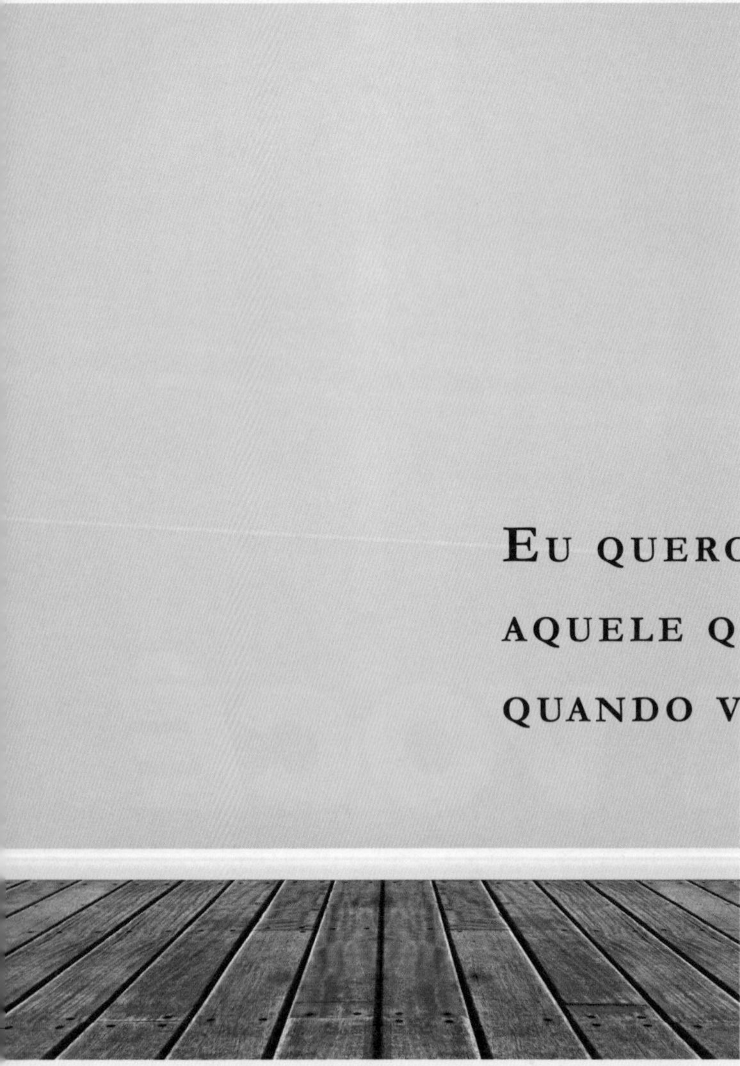

Eu quero ser
aquele que te segura
quando você cai.

– Chão

Se você está errado 100% do tempo,
você está certo 0% do tempo.
Um sábio disse isso.
Spoiler: fui eu.

VOCÊ TEM QUE SER VERDADEIRO CONSIGO MESMO ANTES QUE POSSA SER VERDADEIRO COM OS OUTROS,

VOCÊ É UM MERDA.

CHUPA ESSE

SE VOCÊ NÃO PODE
VENCÊ-LOS,
AINDA HÁ UMA
BOA CHANCE
DE IRRITÁ-LOS.

FORMAS COMO CITAÇÕES MOTIVACIONAIS SÃO USADAS
PewDiePie
Entertainer
Like
+ Follow
Share
Timeline
About
Photos
Likes
More
6.2m people like this
Invite friends to like this Page
Post
Photo/Video
98% EM POSTS NO FACEBOOK QUE
TE FAÇAM SENTIR MELHOR CONSIGO MESMO

? Ask for PewDiePie's website

PHOTOS >

7 July at 00:38

1% NO DESENVOLVIMENTO
POSITIVO NA VIDA
DAS PESSOAS

Like Comment Share

112,154 others like this.

227 shares

View previous comments 1 of 3,865

1% PARA ESTE LIVRO
CAGAR EM CIMA

49 mins · Like

Write a comment...

PewDiePie with 38 others
4 July at 11:26 · Edited ·

THE DUCK IS COMING
THE DUCK IS COMING
THE DUCK IS COMING
Uhh, Daaad?
THE DUCK IS COMING
THE DUCK IS COMING
THE DUCK IS COMING
THE DUCK IS COMING
THE DUCK IS COMING
THE DUCK IS COMING
THE DUCK IS COMING
RESTRICTED AREA
NO TRESPASSING BEYOND THIS POINT
WARNING
THE DUCK IS COMING
THE DUCK IS COMING

THE DUCK IS COMING
DUCK or GROUSE
DUCK

AGRADECIMENTO AOS BROS

O maior dos agradecimentos para Marzia! E muito obrigado a Amy e Kevin Finnerty, Sarah Wick e todos no estúdio Maker; Alex Clarke, Ben Schrank, CaseyMcIntyre, Hattie Adam-Smith, John Hamilton e seu time de designers, Susan Bell, fotógrafa, e todos na Penguin Books; a todos os bros; os pugs; e, por último, ao Pato.

A edição original em inglês foi publicada pela Penguin Books Ltd, Londres.

Título original: *This Book Loves You*

Este livro foi revisado segundo o Novo Acordo Ortográfico da Língua Portuguesa.

Preparação de texto: Breno Barreto
Revisão de texto: Anna Beatriz Seilhe
Diagramação: Carlos Miranda
Adaptação de capa: Fabio Oliveira

Dados Internacionais de Catalogação na Publicação (CIP)
Angélica Ilacqua CRB-8/7057

PewDiePie
Este livro te ama / PewDiePie ; tradução de Affonso Solano.
- São Paulo : LeYa, 2015.
240 p.

ISBN 978-85-441-0319-7
Titulo original: *This Book Loves You*

1. Entretenimento - Humor, sátira, etc. I. Título II. Solano, Affonso

15-1000 CDD 808.87

Índices para catálogo sistemático:
1. Humor - sátira

Todos os direitos reservados à
LEYA EDITORA LTDA.
Av. Angélica, 2318 - 13º andar
01228-200 - Consolação - São Paulo - SP
www.leya.com.br

CRÉDITOS DAS FOTOS

Fotografias © Susan Bell: 5, 16, 21, 37, 44, 50–51, 54–5, 63, 71, 100–101, 120, 124–5, 132–3, 135, 140–41, 146–7, 150–51, 156–7, 166–7, 172, 177, 182–3, 194, 198–9, 213, 226–7, 236.

A editora agradece a autorização para reproduzir as imagens das seguintes páginas:

2–3 © Shutterstock; 10–11 © plainpicture/ponton e © Mary Evans/Classic Stock/H. Armstrong Roberts; 17 © Tim Hawley/Getty Images; 18–19 © Attck; 22–23 © Linda Steward/Getty Images; 25 © Viktor Flumé, © Getty Images; 26–7 © iStock.com/photka, © iStock.com/spawns; 29 © Tobi Corney/Getty Images; 39 © iStock.com/Rtimages, © iStock.com/eelnosiva; 48–9 © Sebastian Marmaduke/Image Source; 52–3; 56 © Warren Photographic; 60–61 © iStock.com/ Korovin, ©iStock.com/Ridofranz, © iStock/Noppol Mahawanjam; 62 © iStock.com/ egal, © iStock.com/GlobalP, © iStock.com/CoreyFord; 64–5 © iStock.com/GlobalStock; 66–7 © iStock.com/PeopleImages, © Oriontrail/Shutterstock, © iStock.com/GlobalP, © iStock.com/camdoc3; 68 © Daniel Day/Getty Images; 70 © iStock.com/ViewApart; 74–5 © iStock.com/Nata_Slavetskaya; © iStock.com/Lambros Kazan, © iStock.com/Oksanita; 78–9; 82–3 © Sarah Lynn Paige/Getty Images, © Shebeko/Shutterstock; 86 © mikeledray/Shutterstock; 87 © Getty Images; 88 © fridhelm/Shutterstock; 90 © CSA Images/ Color Printstock Collection/Getty Images; 91 © Image Source/Getty Images; 94 © fStop Images GmbH/Alamy; 95 © Victor Albrow/Getty Images; 98–9 © iStock.com/mazzzur; 104 © Angus Hamilton; 105 © Getty Images; 107 © PM Images/Getty Images; 108–9 © Chelsea Kedron/Geety Images; 115 © Christian Adams/Getty Images; 118 © Belovodchenko Anton/Shutterstock; 119 © Image Source/Getty Images, © Shutterstock; 123 © iStock.com/zakazpc; 126–7 © Piotr Marcinski/Shutterstock; 129 © iStock.com/CSA-Printstock; 137 © iStock.com/vuk8691, © iStock.com/Creativeye99; 142–3 © Rtimages/Shutterstock, © urchyks/Shutterstock; 151 © Peter Dazeley/Getty Images; 152 © iStock.com/lisinski; 156–7 © Shutterstock; 160–61 © iStock.com/GlobalP, © iStock.com/kirstypargeter; 168–9 © iStock.com/jorgeantonio; 170–71 © Pawel Michalowski/Shutterstock; 174–5 © John Lund/Getty Images; 180 © Mark Murphy/Getty Images; 184–5 © Felix Kjellberg; 190 © DEBROCKE/Corbis; 191 © Peter Dazeley/Getty Images; 197 © chaoss/Shutterstock; 200 © Ron Levine/Getty Images, © Steve Mcsweeny/Getty Images; 201 © Shutterstock; 216 © iStock.com/Yuri_Arcurs; 218–19 © VICTOR HABBICK VISIONS/Getty Images, © Nadiia Ishchenko/Shutterstock; 222 © Angela Wyant/Getty Images; 224 © Maria Toutoudaki/Getty Image; 225 © EVERSOFINE/Getty Images; 228 © CSA Images/Getty Images; 229 © Milena Milani/Shutterstock; 230–31 © iStock.com/ manley099.

Ilustrações © Kevin Long: 40–41, 138–9, 220–21 e © Ian Stevenson: 14–15, 144–5, 153, 162.
Foram feitos todos os esforços para obter as autorizações corretas das imagens, no entanto, quaisquer omissões serão corrigidas em edições futuras.

EU
MENTI